Marco Antonio Murillo

La luz que no se cumple

artepoética
press

Nueva york, 2014

Title: La luz que no se cumple

ISBN-10: 1940075173
ISBN-13: 978-1-940075-17-4

Design: © Ana Paola González
Cover & Image: © Jhon Aguasaco
Author's photo by: © Rubén Adrián Naíl
Editor in chief: Carlos Aguasaco
E-mail: carlos@artepoetica.com
Mail: 38-38 215 Place, Bayside, NY 11361, USA.

Índice

Se canta lo que se pierde.

Machado

NOTA DEL AUTOR

La presente edición reúne dos momentos: Mascarón de Proa, hasta ahora inédito, y Muerte de Catulo, que ya ha sido publicado anteriormente. El lector encontrará dos textos distintos entre sí, pero hermanados por una misma voluntad que reflexiona sobre el poeta y las luces de su oficio. He colocado en cursivas (o los he reescrito) fragmentos que tomé prestados de diferentes autores: Gastón Bachellard, William Ospina, Eugenio Montejo, Juan Luis Martínez, Ezra Pound, Gabriel Zaid, Ernesto Cardenal, Roberto Juarroz, son algunos. Con este ejercicio pretendo, por un lado, dejar en evidencia la respuesta que todo escritor tiene para su tradición poética, y por otro, hacerme un recordatorio de las lecturas que me encontraba haciendo en aquellos días. El apartado último, que repite el título principal, puede leerse como epílogo.

Mascarón de proa

Decir a barlovento: *Mascarón de proa* de Marco Antonio Murillo

Hay poetas cuyo camino vital es siempre ascendente, que lenta o rápidamente dejan huellas de su paso constante, de un punto a otro más alto del poema. Otros hay cuya experiencia con las palabras refleja una batalla constante, llena de riesgos que a veces son, como las caídas, el ejemplo de que todo camino tiene veredas que uno necesita domar, hacer propias. Ambos poetas, cuando son verdaderos, cumplen honestamente el llamado de su vocación.

A juzgar por este segundo libro, Marco Antonio Murillo pertenece a los primeros. Antes, su breve *Muerte de Catulo* lo descubrió como un poeta lleno de silencio y tradición, completamente consciente de sus capacidades, mesurado, preocupado por el poema y por la poesía, que son los verdaderos temas de ese libro armado con cuidado y paciencia.

Mascarón de proa es un paso adelante en una búsqueda estética que terminará cuando el poeta termine sus días. Ahora mismo, podemos ver en este libro varias ocasiones en que la reflexión o inteligencia poética, tan presente en los epigramas de su primer libro, han cedido el paso a la intuición: el poeta ha entregado terreno al misterio, a lo inexplicable, y se ha preocupado más de crear imágenes que de cuestionar o describir la realidad: ha decidido entrar por otra puerta a su propia habitación lírica. *Mascarón de proa* es la evidencia de una manera distinta de pensar el texto poético, que consiste precisamente en pensar menos, sin que se pierdan (el talante intelectual de Marco no pude permitirlo) las riendas de la razón que guían el impulso de sus imágenes, delicadas, expresadas en ese tono y calma que le son naturales.

Un mascarón de proa es esa escultura, generalmente tallada en madera, que se encontraba al frente de las naves de la época de grandes batallas y conquistas, en diversas culturas. Famosos son los mascarones con forma de mujer o de sirena. Su función no era simplemente decorativa, sino que el mascarón cumplía una función identificadora, religiosa o bélica: era la declaración del carácter y jerarquía de la nave, su *arte poética*. Siendo la poesía extensa y múltiple como los mares, este *Mascarón de proa* es precisamente eso, y otra cosa: un filo sobre el mar. Sus capítulos se dedican a cortar secciones distintas de la realidad marina, que son la realidad onírica y la realidad poética, como pasando de Bachelard a Valery, para ir avizorando mientras la intuición, que es el alma de esta nave, guía la navegación entera. El hablante de este libro discute con su embarcación:

> Una mujer de ébano, desnuda, sin carne, es llama inmóvil. Los peces se arremolinan en sus ojos; sólo de esta forma pueden cerrarlos. El buzo le habla de un país donde el aire es como el agua, y la luz resiste a la memoria; pero la mujer, eternamente sincera, no logra escuchar más que la respiración, el profundo oxígeno de los minutos.

No podemos ignorar que Marco Antonio Murillo es natural de una tierra cercana al mar, de modo que este libro se nutre de una de sus experiencias más íntimas y cercanas. No es un libro de extrañamientos, sino de rencuentros con lo indecible y con lo que sucede, lo que nace, en las manos de quien crea su mascarón, del ebanista:

> Desvelado
> sin armas   amanece
> el ebanista en su taller
> solo
> sostenido por las últimas imágenes de la noche

y los primeros trabajos del día.

–Hay que dejar la propia piel   en la piel de la
madera   hacer que se extienda como una bahía y
toque la orilla de su limitación.

Mar adentro, con la precisión de la navaja
y la ternura de una lija, comienza
acariciar las promesas de un cuerpo.

Personalmente, creo que este segundo libro de Marco
Antonio Murillo es una fiel continuación de sus obsesiones: la
belleza, el amor, la trascendencia y la poesía misma, aunque se
han elegido otros caminos para llegar a ellas. Con honesta admi-
ración puedo decir que *Mascarón de proa* es un libro que zarpa,
desde el poeta, hacia adentro de sus lectores.

Manuel Iris

A una mujer que va de viaje al mar no le hablen de la tierra firme ni de los muelles del estado de gracia. No le instrumenten fados ni le esculpan mascarones de proa.

Porque a una mujer que va de viaje al mar (…) se le ahogan los sueños.

Francisco Hernández

I

FRAGILIDAD DE LA ISLA

Los sopladores de vidrio de Murano tienen una tristeza azul en las llagas.

Funden   tallan   dan forma a la arena   la vuelven una mujer como una gota abierta   o una barca   que pesa menos que el aire de sus pulmones.

Saben que el fuego no es metáfora de una vida profunda   duele y arde   los huesos en transparencias.   El fuego cuando toca la piel no forma islas   sino un mar
que repliega sus agujas en la raíz de la lengua.

Esta labor de pulir la tristeza contra un mineral   de enfriar el fuego hasta encontrar la paciencia del agua   es una magia que los vidrieros aprenden   en el brillo y la escama mineral de algunos peces.

Los hombres que trabajan el vidrio son los verdaderos ladrones del fuego   tarde adivinan su acertijo   los reflejos que dejan los cristales son un azul más vasto que el cerco de las llamas:

> El fuego es una lenta máquina que consume
> y evoca su propia dicha
> el hombre es una mano   el fuego su lenguaje
> el cristal habla a través del aire   duerme
> un sueño de hielo
> aquel que trabaja el fuego   debe amar el fuego
> y al vidrio como a una mujer.

La verdad el fuego hunde en la bruma las cosas que soñamos.

Por la noche los vidrieros se reúnen junto a los hornos del taller y ante una lámpara de aceite planean su exilio   y mueren bajo un puente   o al salir de casa.

Todo lo que una vez ardió es arrojado al agua que puede quebrar el rojo vivo de los cristales.   La muerte entre llamas   la muerte a orillas de un mar que no se apaga es la menos solitaria de las muertes.

Los sopladores de vidrio de Murano tienen una tristeza azul en la llaga de las manos.

Alguno trabaja descuidadamente los cristales   y es la única venganza de aquellos que odian y preguntan la amorosa orfebrería que se cumple en el fuego.

Otro más los trabaja y los pule como si fueran sílabas   los peces le enseñaron otra forma del mismo secreto:

sólo el poema permite imaginar cómo es salir de una isla.

II

La memoria de los ojos del mascarón de proa es el recuerdo de la repetida historia del nacimiento del sol. Pero el mencionado mascarón no es sólo sostén de los ojos que presencian los nacimientos solares en el alba del mar. Es también máscara. Máscara ritual que reviste el rostro del sacerdote, de un poético invocador de lo sagrado. Para que el poeta cante la vulva del espacio que se abre, en el alba, en el mar.

Pablo Neruda

CARTA ABIERTA

Una mujer que está en silencio crece sobre la tormenta, avanza en la niebla que va dejando esta fiebre, la estéril asfixia de escribir contra la sal de un cuerpo de agua. "Sus ojos –escribe alguien– guardan la imagen de todas las naves que vi naufragar". Hoy, sin embargo, estoy convencido que arde su pulso en el carbón de mis cartas:

"Que las olas no apaguen nunca los motivos de su espíritu".

PROFUNDIDADES

Descenso al naufragio: la realidad apenas toca los pulmones del buzo, y los días del agua son más largos en la oscuridad de la madera. Allí abajo la luz pesa menos que el alma de las cosas sumergidas. Una mujer de ébano, desnuda, sin carne, es llama inmóvil. Los peces se arremolinan en sus ojos; sólo de esta forma pueden cerrarlos. El buzo le habla de un país donde el aire es como el agua, y la luz resiste a la memoria; pero la mujer, eternamente sincera, no logra escuchar más que la respiración, el profundo oxígeno de los minutos.

Nada turba la quietud de este instante. Digamos que una mujer dormida es un vaso que contiene toda el agua del mar.

Trabajos del ebanista

> Y el interior sagrado, la penumbra
> que surcan los oficios polvorientos,
> la madera del hombre, la nocturna
> madera de mi cuerpo cuando duermo.
>
> **Eliseo Diego**

1

Bahía es la noche
en las herramientas del ebanista,
bahía es saber que una muchacha descansa
en la madera, y sus aguas
transcurren en el olfato como una lenta asfixia.

Una bahía se forma
cuando el ebanista presiente a la muchacha
y la sueña
       toda la noche
de ojos entintados
maderosamente su pecho abierto
a las ondulaciones del aguardiente
y unas alas de palo, asidas
al mismo mar que la arrebata
y devuelve
       toda la noche.

Al despertar, el ebanista
sólo recuerda el aroma del agua sobre la madera

la música
de los que convierten un aliso y un álamo
en una misma alma.

– Sólo la madera engendra melodías   Sola la madera   puede
albergar el dolor de las cosas.

Le había dicho su maestro que era ebanista
de barcos, como él
tallador de mascarones
                y eternas fidelidades.

–Qué alta la marea de la noche y de las noches que le seguirán
qué bello soñar con una sal que pertenece sólo a la memoria.

Desvelado
sin armas   amanece
el ebanista en su taller
                solo
sostenido por las últimas imágenes de la noche
y los primeros trabajos del día.

–Hay que dejar la propia piel   en la piel de la madera   hacer
que se extienda como una bahía   y toque la orilla de sus límites.

Mar adentro, con la precisión de la navaja
y la ternura de una lija, comienza
acariciar las promesas de un cuerpo.

2

El oficio del ebanista no es fuego
a pesar de que sus manos ardan
como una forja

tampoco agua

su oficio es aire, pertenece
a la vigilia de las imágenes:

¿Cómo tallar la juventud la ahogada
belleza de La Novia del guardavidas

hacerla proa del poema

poner en la punta del barco las formas
de su espíritu?

Una mujer, decía el maestro
debe ser un ángel
esta pasión
debe cumplirse bajo sus alas:

–No talles la imagen sola

háblale al oído

dile que esta sutil lejanía
entre dos cuerpos

esta luz
de enfrentar la vida y las manos
en los anillos de la madera

será testimonio de haber amado.

3

Sobre la mesa
persiste la mujer en su descanso:

la profundidad del sueño
mantiene en vilo

los objetos y fantasmas
de la casa.

4

Cuando el hombre se astilla las manos
en el cuerpo de la mujer
una espina de dolor palpita en la casa

y apenas logra despertar el agua
de un espíritu
que habita su propio mar petrificado.

El dolor del cuerpo que siente
en sus manos
podría volverse un remo
un velero en la tarde, una campana
en la tormenta:

      –Cuando una muchacha se dobla en la tormenta
      y hecha pedazos
      se hunde en el agua

                    su espíritu
      como una lámpara

                  serena
      el mar, devuelve el aire a los ahogados.

5

Cada vez que el ebanista duerme   mira a la mujer
sobre la arena   parece ahogarse en sus párpados

entonces despierta contra el reflujo del mar   Otras
veces   adentro del sueño   ella sueña.

Siente el agua oprimirle el cuello   arrastrar sus ojos al
fondo de la angustia del otro que la sueña.

6

Los ojos de los mascarones, decía el maestro
deben ser oscuros, su pintura
el color de los que miran cansados
el nacimiento del alba, siempre
por la misma costa:

> —Que su rostro no responda al mar
> o beba de los cristales
>
> porque sus ojos son oficio de sueños.
>
> Sabría que su piel
> no guarda la forma de tu sangre
> sino de un espíritu de madera.
>
> Que no se mire en el agua
> preferible que se entregue al fuego
>
> y por el humo ascienda
> hasta el aire que le abrió la rosa de los vientos.
>
> El fuego es la última morada de los mascarones:
>
> En el polvo extendido
> aún se mantiene la tristeza y el dolor de los hombres.

7

Los mascarones de proa
son la forma precisa del viento, el espíritu

de los grandes barcos solares.

8

Un agua oscura corre por el taller.

Las manos del ebanista ya no pesan, el reposo de una mucha-
cha las ha hundido al fondo de la luz que trabajaban. Minuto a
minuto el ebanista siente pesadas gotas de metal caer en sus ojos.
Nada puede dormir. Ni la mujer que cada vez se parece más a
un dulcimer.

Sus cuerdas   sus notas musicales
tiran la taza del café
                          despiertan los muebles
abren las ventanas
                     y salen a la calle
en un río polvoroso   que ya no sueña
                  pero que busca

un mar más ancho que la madera que la contiene.

9

Al final de la noche el ebanista concluye su obra.

Cuando sus manos comienzan a sanar las últimas heridas de la piel, sus ojos van abandonando las formas del ensueño.

La imagen de su bella cede a la imagen de otra mujer que parece más verdadera, pero que en realidad es menos suya.

La primera vez que la tocó, creyó que podía reconciliar su oficio con los sueños y las formas que duele trabajar la madera.

—Qué equivocado estaba.

Cuánta tristeza dejó el hombre en ese amar del que ahora sólo quedan virutas.

Mujer

carta de junio
balanza de encuentros
sibila de delfines
tejedora.

Su mujer de madera, sería capaz de navegar sola, sostenida por las velas de un barco

y la tempestad de un mar   que el ebanista

nunca había soñado.

PROFUNDIDADES

> Los peces no sueñan
> son los seres más profundos del alma
> nadie puede tocarlos…

Pasar del sueño al sueño del agua no es tarea de un pez, sino del clavadista que salta y se sumerge. En silencio, sabe que bajo sus pies descalzos se extiende un manantial de fábulas, pero también ignora que en la última sílaba del salto quien observa y escucha romperse la quietud del agua es el verdadero alquimista de la imagen. Por ese instante de vigilia donde el agua abre sus brasas y es como un jardín sumergido, el clavadista salta y devuelve a la distancia todo el aire que este día ha tomado. Al undirse en la piscina espera, que al otro lado de su asfixia, el sueño. como la superficie del agua, permanezca intacto.

BELLEZA DE LAS HILANDERAS

La luz toca la bahía, no es la misma que el alba de ultramar, es una lámpara opaca que poco a poco va adaptando sus hilos a los dedos de las mujeres. Porque las mujeres pasarán las primeras horas del día tejiendo algo más delicado que la quietud del agua, la leve tutela de los aires. Sobre la arena el terciopelo aún duerme y la aguja y las carpas de lino y algodón…Todo lo que descansa a orillas del mar es cabellera en crecimiento. "Este país demasiado pequeño, estas velas muy grandes". Piensa quien no ha visto otro mar abierto que el vuelo del albatros. Toda muchacha que urde y se pica los dedos, toda mujer que al fin extiende su velamen como un mar a orillas de otro mar, no ha de seguir el llamado de Ulises.

Qué importan las cartas de navegación o los comercios del retorno, cuando lo que tientan los dedos se parece a la timidez del horizonte.

Música callada

> la música callada,
> la soledad sonora

> **San juan de la Cruz**

1

Una mujer
                está sola
en la música
que va dejando el viento
avanza
            escucha
            cómo se deshace la voz en la espuma
            cómo pasa
por sus ojos el canto de otros peces
que no son del mar.

En la música del oleaje, el agua corre la tinta
de su mirada
y le abre los párpados al alba.

Yo y mis hijos
escuchamos la buenaventura:

–En medio de la tempestad, en medio
de un mar
de cuerdas abiertas
tocar el aire
es aceptar los tormentos del poema.

2

Cuando una mujer está sola en la página

                                     su voz

y su cuerpo

              tocan al fin la cadencia de las palabras.

El viaje del barco, se vuelve

               el trazo de un compás por el alba.

3

Lentamente viento
y velas se separan
en un ritual casi imperceptible

de piel
        de quietud
y
duermevela.

Una mujer desnuda
ante el abismo del atardecer

no ilumina
las cartas de amor
del cartógrafo
             no sigue
la música de sus acordes

la música
era la verdad del viaje.

4

En el rostro del agua
                    en su descanso
más profundo que el cielo

persiste la pasión
de quien mira arder la claridad de las cosas
bajo un mar   cada vez más lunar.

Un banco de peces es un archipiélago de estrellas.

> *—¿Cómo agradeceré que el agua*
> *no se incendie*
> *aunque asile en su rostro sereno las hogueras?*

Reza
        cada uno de mis hijos
                    sobre la fragilidad del barco.

A estas horas

es más fácil para ellos estar sobre la calma
                        y navegar el frío del propio aliento
el frío, sin una música marítima a la cual ceñirse.

A estas horas, esta voz quieta
es la porción de tierra y de aire   que reclaman las sombras

a su paso la tormenta.

5

(Coda)

Ningún marino conoce la dicha
de morir en paz,

ahogo es la noche,

el mar aguarda
al que muere en tempestad.

POSDATA

"Tarde adentro –escribe alguien– ha de flotar una ciudad en el crepúsculo de la vida. Tú creciste lejos, lo hiciste como si fueras una casa de madera, porque la brújula no marcaba el rumbo. Hoy, sin embargo, el mar está abierto por tu frente". Escribe alguien, y después lo borra.

No sé si la inmensidad del cielo pueda quitarnos la sed, o las cartas que escribe todavía guarden la longitud de nuestra infancia.

III

A Gerardo Grande

(Terredad) Nombrar la condición tan extraña del hombre en la tierra, de saberse aquí entre dos nadas, la que nos precede y la que nos sigue.

Rafael Cadenas

ALFABETO DE PÁJAROS

Los niños juegan con pájaros
los sacan de sus jaulas
amarran un hilo casi invisible en sus patas
y los devuelven al viento.

Entre risas
la felicidad es una imagen
donde el cielo coincide con la tierra
y sólo existe el mirar.

Entre risas
los pájaros buscan
cumplir su misión de semilla migratoria
pero no saben que el círculo
trazado de plumas y enigmas
no vence la mirada de los niños.

En secreto cada pájaro
representa una casa entregada al aire
un deseo por levantarse más allá
de este arte de dibujar poemas
con hilos y alas en el calor de junio.

Por la noche cada pájaro vuelve a su jaula
y cada hilo de la vida es devuelto
cautelosamente
a la madre
para que lo zurza u olvide
en la camisa que vestiremos mañana.

Si el hilo se rompiera
tal vez perdieran para siempre
su ritual de todos los días
su ocarina circular de cielo y de tierra.

Si pasara, en ese instante
en que el vínculo se rompiera
y sólo quede el vuelo, la mirada perdida
y por fin no exista la distancia

en ese instante
serían un poco más felices:

escucha el canto entre dos umbrales: Uno ávido, de aves lejanas, extiendes la mano, su alfabeto es inasible. El otro, más cercano al sueño de tus pies, está lleno de pesadas aves, sus plumas han encontrado en la tierra un pequeño rincón de pereza. Yo prefiero imaginar la quietud de estas al vuelo de aquellas otras. Su canto es el sonido de las cosas que hunden sus alas en la tierra. El canto del cuerpo apenas toca el aire, aletea, y dibuja contra la arena la pesadez de las sombras o la levedad de la luz amodorrados bajo una palma o en su nido de tierra, los pájaros anteceden a las islas, pero suceden a los grandes cúmulos que se alzan sobre el mar. Hoy se que algunas aves pueden escuchar las raíces de una larga caída y atisbar vocales interiores, extrañas, incluso para mi sangre

¿cuánto se ha dicho sobre las aves? *La terredad de un pájaro es su canto*, no: su canto es el sonido, la parte invisible de nuestra terredad. Cuando pienso en un ave, pienso en una balanza entre la bravura del aire y lo manso y maternal de la arcilla. Los pájaros sueñan con el tiempo, con la duración que transcurre y con la que se queda. Reúnen en sus alas el reloj de sol y la vela marítima

el alfabeto de un pájaro no sólo es de tierra. Algunos abando-
naron el aire y se han sumergido en el agua. El mar en junio es
un acuario de aves. Al amanecer escucha en la algarabía de los
muelles nuevos umbrales sumergidos; escucha, porque nada en
la tierra, nada que sea boca u oído es ajeno al canto

alguna vez dije: "Los peces no sueñan, son los seres más profundos del alma nadie puede tocarlos". Pero leí sobre los pájaros de agua, y supe que para estas aves levantar el vuelo es trazar rápidas siluetas en la lentitud, ir dejando las ondulaciones de un alfabeto de aire en la resistencia de las olas. Los pájaros entran y salen del agua como una adivinanza algún día preguntarás por cualquier ave, y sabrás que nunca dijiste lo que en tu lenguaje querías nombrar, pero lo escuchaste todo: *Los pájaros usan los oídos del hombre para comunicarse entre sí en un lenguaje transparente y sin palabras* el cuerpo de un pájaro es su propio canto: al respirar son una gaita y cuando sueltan el silbido adelgazan como un flautín. Otros son libres en la mañana como un cilindro musical, y al atardecer se encierran en un arpa. A mí me gustan aquellos cuyas vocales son un monocorde. Así puedo escuchar con prudencia e interpretar las pausas que va dejando mi vida pájaros. Los he visto extender las alas anchurosas. Los he visto abrirse más que el canto del gallo que despierta al pueblo, o las aves migratorias que miran en cada ciudad iluminada sus propias constelaciones. Pájaros. Abren sus alas y son más anchas y pesan más que mi canto.

IV

Discurso sobre las ballenas

Destrozada a golpes por los colores
de la tormenta, un pedazo de madera de junio
emerge y extiende sobre el aire húmedo sus islas volcánicas,
no quema este ancho mar, no quema la espuma que brota de la espalda, busca
sin embargo el silbo el canto el olfato el atisbo y luego el incendio
bajo las aguas: así es su amor,
como cuando niños descubrimos lo poderosas que son las cosas del mar,
amor que pesa
en la nota que dejó hace días un ahogado y que ahora vuelve
a su extraño país monocorde, amor,
la muchacha del muelle, preñada
la boca de historias y cuentos sobre grandes peces y mandrágoras,
fue ella quien amó a todos extensamente
en el lento flotar de diferentes luces y profundidades,
fue ella quien habló de las ballenas,
manchas de petróleo que se hunden y ensanchan
las vocales del abismo
en el océano, tierras sumergidas en una sola mirada;
una ballena, dijo mientras
se vestía, una ballena es todo el Mar
de los Sargazos, nadie sabe dónde habitan o qué lentitud
gobierna el pesado canto que extiende el oído sobre la superficie,
para quien la divisa, la ballena es una casa
en medio del camino entre dos mares, la tierra y la lengua no son hogar,
nido de pájaro en el mástil
es este oficio de hundirnos en el olor de la marea; ahora
que no escucho más, que no sueño los brazos de esa mujer de boca extensa,
se que no existen las ballenas,
se que esto que miro es sólo una enorme tabla del naufragio que es junio,

pero en cambio existe ella y sus muelles,
ella y su cuerpo
y su costa preñada en la que anclábamos por sus historias, las ballenas
no son casas en mitad del mar, ella sí:
arpones, pedazos de un coral madreperla,
mascarones de proa, maderas de raros barcos, collares, oscuras
riquezas había en su voz y sus labios como un húmedo y abierto almacén.

FRAGMENTOS PARA VOLVERLA A VER

(Noticia)

Cada barco que sale de la ciudad lleva dos mujeres: la primera, el mascarón de proa, guía la nave. Dicen que es su propio espíritu. La segunda, tomada de los barrios del muelle, canta una oración al momento de zarpar. Pide perdón a las cosas que a veces olvidamos en tierra.

1

"Los barcos que salen del puerto, llevan el secreto de la muerte y del retorno, la nostalgia de botellas y barquitos de papel; llevan puentes que conducen a otra deriva. Al anochecer nadie canta":

2

Todo el silencio parece dibujarse en los ojos de una mujer. Nacen las estrellas, ahogan su pequeña furia en el océano. La noche es mirarse los párpados, como la marea de un bostezo entrando en la casa hasta apagarnos calladamente. "Hasta que escuchas este canto como un rumor todavía lejos, porque el mar no es muerte ni retorno, es la música que se presagia durante el viaje de la vida":

3

Dicen que los grandes barcos lunares son islas sin peso, ofician un rumor de niebla. Dicen que sólo ellos pueden navegar estas aguas. Hoy sé que escribir no es como navegar, es más bien llenar el tiempo de muertos, volver a cantar sus canciones: "*No soy el agua ni el timón / sino el que canta esta canción. / No soy la voz ni la garganta, sino lo que se canta*". ¿Cuál es el verdadero sueño? ¿la canción o el oído que la escucha?:

4

"¿Escuchas correr el agua? ¿escuchas la pleamar levantarse contra la luna?" Hoy me duele como una astilla clavada entre los dedos. En otro tiempo se habría vuelto una sílaba de tierra. "Pero esta noche no requieres claridad para ver tus manos, para oír la sangre correr en el latido del agua":

5

"Arriba, dice esta voz que pesa más que el agua, mira las estrellas, son las mismas que recoge la plata de los peces que guardan tu hogar, no estás lejos de él". Pero le digo que no son iguales. Aquí en alta mar el agua sepulta el dolor de cualquier brillo:

6

La voz que escucho no tiene casa ni retorno. La voz que escucho es un mar cerrándose en el oído de un cartógrafo. "Si nos encontráramos al final de ahogarnos, también estaríamos solos". Al mirar un faro, agradezco que el agua no se encienda, que la lumbre del agua sea como tus ojos, "porque en tus ojos no existe más isla que un cuerpo y al despertar la tierra de desearlo":

7

Tal vez en esta canción que busca un cuerpo en el agua, pueda encontrar las sombras y fragmentos de mi casa. Para que nada nos despierte, para que el fluir de los adioses no sea lo único que el mar escriba, viviría para siempre en el bronce de un espejo. "Pero no encontraste tu casa cuando soñaste mi cuerpo":

(Coda)

Quien a pesar del frío ama a una mujer y escucha su voz abrirse, siente el mar despedazarse en su corazón. Puede ser que al tocarla el agua se evapore y el canto se vuelva sal, entonces, nadie habrá partido de ningún lado. "La vida es un viento que ya no sopla, el aire gime si lo respiras". Amanece. "Quien cierra los ojos no regresa al polvo, sino a la espuma". Hoy he vuelto a sentir el pulso de las primeras aguas.

Memorial de la mujer ahogada

Cerca del agua,
oye soñar a los muertos; eso ya les impide dormir.

Gastón Bachelard,
El agua y los sueños

Cerca del agua se levanta el hospital. Los años y el sol del Caribe, le han dejado un denso olor a lluvia y salitre. Adentro, la luz del sol entra opacamente, pero aún así alcanza a extender su marea a cada una de las habitaciones. Quien despierta con esta luz, la compara con el tesoro de una pesada fiebre, que al mismo tiempo es una sombra maternal. En uno de los muros interiores hay una pintura borrosamente impresa (recuerdo de que tiempo atrás el hospital habría sido un orfanato): la Bella Durmiente. El visitante que la observa, imagina una sombra que descansa en la liviandad de su propio sueño.

"No quiero despertarle".
Dijo ante ella
que no estaba dormida.
"Que el olvido
la mantenga intacta".

Poco o nada se sabe de este lugar. Allí pasan sus últimos días nuestros fantasmas de juventud: mujeres que encendieron las noches en altamar, o que hicieron de la vida un brevísimo temblor; mujeres de ojos como leche. La única belleza que aún les queda es su enfermedad. A las habitantes del hospital se les desgrana la memoria como una paciente lepra. Para retrasar este efecto, los enfermeros les leen novelas sobre el mar. Alguna de ellas despierta, pide la fecha, da gracias a Dios por un arribo a puerto sucedido hace años, y balbucea los restos de una canción lejana. Sin embargo, ante el asombro de los cuidadores. pronto vuelve a su abismo.

"¿Escuchas correr el agua?"

"La escucho, su música
me recuerda el mar
como si todos sus ahogados hablaran".

Hospitales: la piedad del sueño es la claridad de sus habitantes. El sonido del agua por las tuberías es el único testamento que el sitio recoge del mar. Los visitantes lo comparan con un barco hundido, una tumba submarina donde lo perdido descansa en su asfixia, a salvo de la vida y de la muerte. Para ellos, es fácil confundir el espectro de la amada con aquella imagen de la Bella Durmiente; pero ésta no recuerda la infancia perdida, sino la realidad del sueño.

MUERTE DE CATULO

MUERTE Y VIDA DE CATULO ENTRE NOSOTROS

Pareciera que algunos poetas han estado siempre allí, que la historia se hubiese echado a andar por el peso de sus palabras. ¿Qué hubo antes de Homero en ese mar que hoy llamamos Mediterráneo? Indudablemente mujeres y hombres que vivieron, odiaron y amaron, pero que hoy ceden su lugar al de los pies veloces, al domador de caballos, al fecundo en ardides. Todo el universo arde y renace constantemente, y los poemas no pueden sino dar testimonio de que algo debió recordarse. Ponen una marca en la trayectoria del olvido: lo hacen interponiendo signos, palabras, metáforas, ante lo que no puede recuperarse. "Se canta lo que se pierde", escribió Antonio Machado con razón plena.

La obra de Cayo Valerio Catulo, lo mismo que la de autores más recientes o más antiguos, persiste como un monumento a lo que el tiempo nos ha arrancado de las manos. Sin embargo, las palabras del poeta latino, tan llenas de nada, sólo indicios de lo que fue su atormentada vida, lucen ante nosotros como una invitación a la pasión propia. Es decir, el poder de la poesía reside en invertir la pérdida, en hacer del olvido una acción creativa. Marco Antonio Murillo, en *Muerte de Catulo*, describe de gran manera la naturaleza del fenómeno poético:

> Pero algo oculto, cierta cosa olvidada,
> acaso pueda recordar
> que alguien habitó lo que ahora es inhabitable.

El mencionado libro de Murillo no es únicamente un homenaje al gran poeta latino, también es una exploración de la poesía desde los dos elementos que le conceden existencia: el del poeta y el del lector, siendo que la más fecunda relación de ambos elementos es aquella en la cual el lector se ve urgido de volverse creador. Síntoma de esto es que Murillo decidiera finalizar cada poema con dos puntos, en vez del punto final; ello podría interpretarse de dos maneras: como una indicación del estrecho vínculo que une un poema con otro, pero también como una oportunidad para que el lector imagine aquella consecuencia de lo que el poema plantea. Dos puntos que abren el texto.

Pero no me refiero solamente a la lectura creativa en la que el lector va poniendo de sí, de su experiencia vital para actualizar las imágenes y metáforas que el texto le concede; sino primordialmente a aquella ocasión en la cual el acto de leer obliga al lector a enfrentarse a una hoja en blanco para dar constancia de las propias pérdidas. Desde el segundo poema de la primera sección del libro, el cual se abre con una famosa línea de Virgilio: "Oscuros en la solitaria noche", hasta aquel soneto en prosa hecho mediante la combinación de 13 versos de distintos autores, *Muerte de Catulo* se convierte en una defensa de la apropiación lectora:

> ¿Qué diría el César si supiera que tus poemas son plagio de otro poeta más antiguo que las antologías?

> ¿Qué diría si supiera que mientras Lesbia transcribía cada uno de sus versos, tú sentenciabas al fuego cualquier rastro de tu anónimo colega?

De esta manera, el poema que Marco Murillo nos concede, se presenta ante nosotros, lectores del siglo XXI, como un espacio de la "ahoridad" que Haroldo de Campos exigía para la poesía contemporánea. Si bien el libro se encuentra lejos de los poemas concretos, sí atiende a aquel postulado de Campos que exige romper la orientación lineal de la tradición para que el poema sea un eterno presente en el cual conviven poemas de distintas épocas, pretendiendo romper de esta manera con el determinismo histórico. Ya el primer poema de la serie "Pobre Valerio Catulo" describía el brindis en el cual se han de mezclar los licores con la sangre al romper las copas que los contenían. En el caso de Murillo hablamos no sólo de la poesía de Catulo y Virgilio, sino también de Quevedo, Sor Juana y, sobre todo, Rilke.

Podría sorprender el hermanamiento en *Muerte de Catulo* del poeta germano con el latino, del poeta purista con el exaltado autor de epigramas. Mérito de Murillo es hacernos recordar que ambos coinciden en el trabajo de la palabra, en la búsqueda de la belleza, en el conocimiento de que la belleza, como la felicidad, es inalcanzable y, por ello, terrible. Pero sobre todo, en la plena conciencia de saber que es la pérdida lo que persiste en el canto. "Aprende a olvidar que tú cantaste", recomienda Rainer María Rilke a un muchacho enamorado, en el tercero de sus sonetos a Orfeo, "esto no *es* tu amor"

En cuanto al poeta latino, famoso es aquel poema en el cual cantó la muerte del gorrión que tanto hizo sufrir a su amada Lesbia. Pero más interesante, en la ocasión de este escrito, es la particular visión que de la poesía de Catulo se presenta en el libro de Murillo, quien pone énfasis en la lucha agónica que sostiene el poeta con la escritura, cuyo instrumento llama con gran coherencia "lanza de doble filo". Lucha que sostiene contra el morir y olvidar constante, como contra el ángel de Rilke:

> lanza de doble filo, escribí
> para luchar por la vida, hoy renuncio a este combate,
> la victoria fue mi derrota frente al tiempo.

Sea quizá esa expresión del tiempo, del ser en el tiempo, aproximación a la poética de Rilke, lo que mejor realizado está en *Muerte de Catulo*. No buscar la conservación, el honor propio, si hasta los imperios caen –como se señala en el poema "Roma, 476 d.C."–; sino entregarse a la pérdida de la voz propia: "Más que esta ciudad arrasada, me conmueve que escribas en el aire". El fluir, representado en el poemario por el aire lo mismo que por el río Tíber, es símbolo del tiempo cuyas aguas "intactas casi" corren sin encontrar desembocadura; en el cual somos nada, aunque nuestras palabras sí puedan persistir cargadas con olvido con su irrevocable pérdida.

Borges escribió en un breve poema "La meta es el olvido". En esa entrega desinteresada es en la que Marco Murillo parece haber sido empujado por la poesía: en reconocer la valía de sus ruinas, en soplar la ceniza hasta que todo lo que de carbón hay en ella arda. La poesía, y él lo ha escrito en el poema "Las palabras y el fuego", no es una decisión de vida, es simplemente vida; espacio que habitamos aunque no nos brinde refugio, como lo ha escrito él también en el último poema del volumen.

"Se canta lo que se pierde", escribió Machado, y habría que leer los versos de *Muerte de Catulo* al amparo de dicho pensamiento para comprender cuánto promete la poesía de Marco Antonio Murillo. Estos, por ejemplo:

> Tuvo un castigo más terrible y más perenne que Prometeo:
> El olvido.

Agustín Abreu.

te lo ganaste:
hoy estarás conmigo
en la posteridad, etc.,etc.

Gabriel Zaíd

CONFESIÓN DE INICIO

Vuelvo al poema, no comprendo
su escritura de párpados y ríos
que me llevan del sueño por tu piel.

Vuelvo al poema, no habla,
qué injusto que tu aliento
no venza su prisión de luz y sílabas,
y no tome la forma de mi muerte.

Más que presagio este poema
es una extensión de mi espíritu.

> "Por mis ojos,
> tal vez nunca adivines
> por qué me salieron alas".

Pobre Valerio Catulo

I

Choquemos nuestras copas
para dar vida a esta fiesta,

como a la hora de hacer el amor
que se rompan. Nuestra sangre

nos devolverá a la astilla,
humedad de la que provenimos:

II

Oscuros en la solitaria noche, abrimos plaza. Ungüento de amor, antídoto, tuviste, Sibila, todos los nombres posibles. Era el juego en el que nos consumíamos: yo te decía vivamos y amémonos, y tú me respondías aunque arremetamos contra lo escrito, aunque los dioses celosos e impotentes acaben con Roma y con nosotros:

III

El sol se pone cada tarde y sale al día siguiente, pero nosotros,
cuando se nos apague la vela, dormiremos una noche sin fin.

Tomé estas palabras prestadas para ti,
en lugar de decirte
una botella inscrita, un barco de periódico,
o un cadáver lanzado a la deriva.

Y es que nunca me hubiera preguntado
cómo es posible que la suma de todo lo vivido
se resuma en una foto color sepia;
cómo es posible que de algún muro de la plaza,
entre ilegibles garabatos y grafitos,
haya tomado todo lo que un día
quise decirte y no pude.

Ahora recuerdo cada una de esas líneas
intactas casi, efímeras
como el agua del río.

Por su préstamo, no ruego el perdón de los dioses.

A fin de cuentas, las palabras escritas en los muros
terminan borrándose
por el sol y nuestros ojos; ya sólo queda
devolver en ruinas
todas aquellas cosas que nombramos.

Al amarte, yo mismo me he nombrado:

IV

(Crónica primera)

Una vez al año el Tíber se desborda. Conquista nuestra ciudad, invade sus calles, se lleva al mar todo de vuelta. Al fin sólo nos deja noticias de otros exilios, naufragios más allá del estuario.

¿Para qué llorar por Roma? ¿acaso el río ha llorado por nosotros?

Nosotros que sólo somos tierra y agua, piel desnuda mezclándose a orillas de un río que jamás desemboca:

V

CUERNO DE LA ABUNDANCIA

Pobre Valerio Catulo:

Mientras se recluye en su habitación
para escribirle a la castísima Lesbia,
Anónimo, el peor de todos sus imitadores,
no pierde el tiempo
y ejercita en ella sus propios dones:

VI

Al final de la noche, ella
tuvo la palabra final,
otro fue favorecido: el sujeto
de aquellos versos por los que un día me hice
odiado y a la vez famoso.

Producto de aquel vergonzoso hecho,
escribiría el mejor epigrama de mi vida
y de todo el imperio:

> *Esta será mi venganza:*
> *Que un día llegue a tus manos el libro de un poeta famoso*
> *y leas estas líneas que el autor escribió para ti*
> *y tú no lo sepas.*

Pero ¿a quién engañar? Lesbia lo sabe.

Ella ha leído en periódicos y muros,
e incluso de la boca de otros amantes,
cada una de esas líneas,

y no le importa quién las escribió:

VII

(Crónica segunda)

El cielo de Roma es irrumpido por legiones de pájaros migratorios. Huyen a otras ciudades a otros mundos que jamás veremos.

Tal vez no regresen.

La imagen plena de la ciudad que tanto amamos y que ahora mismo recobramos desde el vértigo de un octavo piso, se difumina como una blanca y fina niebla.

Qué importa ya que nuestros ojos hayan extraviado la ciudad.

Tal vez no regresen:

VIII

Me conmueve que escribas en el aire de la ciudad, porque no volverás a ver sus luces iluminar el río.

Me conmueve que con estas líneas que a duras penas logras esbozar, pretendas salvar a tu mujer del fuego, que ya ha consumido las estatuas de los dioses y anonadado el Imperio.

Cuando el fuego haya fatigado cada viga con su arco de luz y silencio, será el eco del aire levantando cenizas, astillas y humo lo único que perviva, la única voz que logre preguntar entre avenidas y carros destruidos:

> "¿Qué es más importante, escribir lo que poetas y cronistas no podrán decir, o mirar por última vez la caída de la lluvia mezclando la sangre y el óxido de otras batallas?":

IX

PARA LOS SOBREVIVIENTES DE NUESTRAS CIUDADES

Desde que las llamas nos vencieron, yo te amo. Mañana
seguramente vendrán otros,
que no cantarán el ardor de lo que fue.

¿Qué importa? Acaso cuando hayamos muerto,
dirán que nada de esto ocurrió.

Acaso tengan algo de cierto: al morir
no hubo amor ni goce,

como si nunca hubiéramos vivido:

X

Qué triste es lanzar una botella en nombre nuestro,
o calcular los astros sin saber
que es lo mismo llamarse náufrago que beduino.

Desde que perdí la ciudad de nosotros
una y otra vez he sangrado sin llorarte:
hombre semejante a todos, hombre

que yace en la arena y se dobla ante sus señales.
Sólo la metáfora precisa, sólo
el amor cambia el rostro del hombre.

Qué mentira: en este siglo
de botellas y efímeras señales,
nada se alza ni corteja sus armas derrotadas,

nada vence la arena en el destierro.
Entonces me pregunto:
¿Qué harán las ruinas de mi casa sin ti?

Desterrado de un sitio a donde ya no iban tus ojos,
acaso vuelva, acaso aprenda que ningún puente
podrá guiar mi paso o soportarme con su perdón,

y la belleza que ayer era mi escudo y arma
no será reconquistada por nadie.
Si antes llega mi muerte, que así sea.

Lanza de doble filo, escribí
para luchar por la vida, hoy renuncio a este combate,
la victoria fue mi derrota frente al tiempo:

XI

Porque mis versos no bastaron, y aunque utilice aún la palabra
Sibila como la más hermosa metáfora, tu nombre, poco o nada
tiene que ver con aquel otro terrible. Ahora, otra eres, y otro
Catulo, como los versos que he escrito: imitación de una pasada
gloria.

> Que su belleza, su crueldad,
> y el dolor mío
> jamás revivan
> en otras inútiles palabras:

XII

Roma, 56 a.C.

> Y has de vivir como si eterno fueras.
> Y has de morir como si fuera nada.
>
> **Rodolfo Alonso**

Escribo
este último epigrama.

¿Porqué ponerle título?

Lo escribo no
para que me admiren
las generaciones
que vendrán.

Tampoco para amarte
cuando ya me haya ido.

Sino para que el tiempo
el tiempo
que logré derrotar
después de treinta y tres años,
se detenga, y los días
que sigan a éste, siempre
sean el día de hoy:

XIII

No puedo escribir nada más, he perdido el recuerdo.

De nada me sirve mirar las letras del epitafio
que cierto viajero me regaló.

Sé que algún día terminarán por borrarse.

Roma, después de todo triunfamos:
tus descendientes repetirán mis epigramas
y dirán excitados mi nombre y el suyo.

Entonces te alegrarás de haberme perdido:

XIV

CONTRACANTO

Nadie imaginaba que su poesía iba a reconstruir los muros y las estatuas después del incendio. Nadie imaginaba que con ella sería posible castigar a todos aquellos que amaran más allá de las leyes y del amor.

Pobre Valerio Catulo, ahora que estás muerto y eres aplaudido por todo el senado; ahora que los más grandes pensadores hablan de ti en sus orgías, no puedes defenderte de tu propio canto.

LOS DADOS

Descansan las cosas en la penumbra de los dados,
pesan más que su caída. Descansan
mientras hacemos guardia
sentados en unos bloques de piedra
borrosamente labrada.

Cada vez que tiramos los dados
es como si conversáramos en lenguas distintas:

¿Qué dirías si descubrieras que el tiempo
se amontona bajo el peso de estas piedras?

Tú me respondes con otra jugada
cuyos números podrían tirarme la voz
y el brillo de un par de monedas:

¿El sueño de los pájaros
 es un alfiler que ha perdido sus alas?

No lo sé,
pero las cosas dejan de ser espíritu
cuando las nombramos con una balanza,
caen al suelo
y ya no están a salvo de la muerte.

Nos miramos a contra luz de una fogata.

Atrás de nosotros descansa la ciudad,
tú guardas silencio,
sabes que el sonido de los dados
podría despertarla.

Más adelante nos dijeron que el enemigo
también hace guardia.

Hace frío. Una perpetua maquinaria
que llamamos azar
sostiene con su lentitud al jugador y a la noche.
Tras cada turno la muerte se escapa
o se acerca a mis dedos.

Siempre hay un grano de polvo de la luz
que rompe el engranaje de las repeticiones.
Esta es la única ley que gobierna
la lentitud de nuestro juego.

Al caer en la hierba, los dados
forman constelaciones,
sus astillas
no son las mismas que recorren mi sangre.

Uno de los dos ha vuelto a tirar los dados.

Entonces no hay sol,
ni siquiera olvido,
solo el presentimiento de que allá lejos
acampa el enemigo,
y la voluntad que tiene el frío
de persistir en el fuego.

Los bloques de piedra donde estamos sentados
no son bloques, sino columnas
que una vez sostuvieron la paciencia de una casa.

¿Logras leer alguna de las inscripciones?

Aquel en cuya casa no he jugado,
es un extraño para mí.

CÁRMENES

Acaso nuestros versos duren tanto
como un modelo Ford 69
—y muchísimo menos que el Volkswagen.

José Emilio Pacheco

I

RIMA

Ahora que te has ido,
pregunto a las palabras
por la sinceridad
de mi oficio.

II

Escribo estas palabras en venganza mía y en tu honor, Catulo.

Escribo, y me pregunto: ¿De qué te habría servido la poesía mientras estabas vivo? ¿de qué te sirve ahora que estás muerto?

III

COLISEO

En la playa de Dios clavado hundido no volverá tu voz endurecida tal un gajo del fruto de la vida alma a quien todo un dios prisión ha sido Todavía hay sol dioses y olvido lo que muere es la rosa consentida con el dolor de la mortal herida el cielo que me tienes prometido Orfeo lo que de él queda si queda lo que un día intuimos o soñamos el viento mueve esparce y desordena Marcados para siempre señalados todo cuanto me salva o encadena los que van a morir te saludamos.

IV

¿Qué diría el César si supiera que tus poemas son plagio de otro poeta más antiguo que las antologías?

¿Qué diría si supiera que mientras Lesbia transcribía cada uno de sus versos, tú sentenciabas al fuego cualquier rastro de tu anónimo colega?

V

La quise
hasta que descubrí que su talento no se limitaba al arte de la
cama, en secreto escribía canciones y era mejor que yo.

Al morir, me legaste todo.

La envidia y el amor por tu nombre hicieron que lo echara todo a
la misma llama con que todavía te deseo. Pero un leve descuido,
o más bien un absurdo instinto de supervivencia, quiso que mi
memoria guardara una de tus canciones:

> *El sol se pone cada tarde y sale al día siguiente,*
> *pero nosotros, cuando se nos apague la vela,*
> *dormiremos una noche sin fin.*

Te traicioné y después lo hice conmigo.

Aunque sea por otros crímenes, estoy a punto de pagar, y no
me quejo. Escucho el sonido de jaulas abrirse y la piel de otros
traidores desgarrarse ante la presencia del tigre.

Tu deseo se ha cumplido:

> moriremos juntos.

VI

De aquella casa de verano
nada ha permanecido, sólo enredaderas
que tristemente adornan lo que un día fue nuestro,
y la hojarasca acumulándose.

¿Nacimos para amarnos o para odiarnos?

Hoy, del mismo deseo que iluminaba
cada rincón
tampoco nada ha quedado.

En la batalla no hay paz. Sólo un minuto de tregua.

En el jardín
las flores que sembramos una tarde
aún siguen creciendo
y floreciendo sin nuestro cuidado.

Basta un respiro para creer que no estamos condenados
a morir solos.

El sol las verá marchitarse,
nunca nos enteraremos.

Pero algo oculto, cierta cosa olvidada,
acaso pueda recordar
que alguien habitó lo que ahora es inhabitable.

VII

(Crónica tercera)

Cuánto me entristece ver que esta mañana en la ciudad derrumban las últimas estatuas para levantar rascacielos, árboles que no darán fruto sino sombra.

Las crónicas lo constatan, hoy son el único documento que ha quedado de la ciudad.

Cuánto me entristece ver que el amor, el odio, y otros grandes sentimientos y palabras son sólo envolturas, colillas que se amontonan en las acequias.

En contra del presagio de los profetas, ves arder tu casa, sus cenizas también se perderán en la noche de los siglos.

Cuánto me entristece verte escribir con un dedo al aire creyendo que al final podrás salvarte del fuego.

VIII

LAS PALABRAS Y EL FUEGO

Lamento haber escrito aquellas palabras sobre mi pueblo, incapaces de romper una cuerda o desnudar a una muchacha.

Mi único consuelo es que mi obra ardió al lado de la mujer del César, la misma noche en que mi barco zarpaba al exilio.

En lugar de escribir la hubiera amado con mayor fuerza: algo de mí en la hoguera tal vez sobreviviría.

IX

Su talento en la cama y en los versos no tuvo comparación alguna
–mucho menos su vergüenza.

Fue elegido por los dioses para ser el portador de la lira de Orfeo
ante el mal gusto del hombre. Pero en la última batalla cayó ante
el filo, y la precisión de otro poeta.

Esa injuria, esa traición no quedó impune. Tuvo un castigo más
terrible y perenne que Prometeo:

El olvido.

CODA

(Crónica final)

"La guerra y los poetas destruyeron
la perfecta ciudad donde nacimos".
En cambio tu belleza sobrevive,
el último vestigio de mi casa.

"Marco Antonio no cantes que me hieres
con esta imperfección que te desarma".
Me dices, y se bien que todo oficio
se habita aunque no pueda refugiarnos.

Pero jamás contenta me reclamas:
"el poema no debe ser tormento
no puede hacer la eternidad más breve".

Sale el sol y conquista con su espada
la casa, nuestro amor, sus ruinas últimas.

"Que no exista, Señor, tanta belleza".

LA LUZ QUE NO SE

CUMPLE

Soñé con la poesía,
la soñé pequeña y temblorosa como una salamandra,
negra como la sed de no ver el mar desde hace años. El bosque
del lenguaje ardía
toda la noche en el vientre de mi madre,
y la poesía corría y el fuego la alcanzaba. La piel
de la salamandra era humo y después un enorme madero que
ardió
como una hermosa muchacha.
Como una hermosa muchacha iba corriendo con su ardoroso
nombre
y cubría el otro lado del lenguaje que sólo se ve
a la luz de una lámpara lunar.
Del carbón salía un lenguaje amarillo que los hombres hablaban
en secreto con pulmones perforados, y mi corazón
triste estaba lejos de la palabra asfixia. No entendí
lo que hablaban,
ni lo que sus ojos decían contra lo rojo que aún dormitaba
profundamente
en las hojas de la noche. Eso rojo
que era el lenguaje de todos los hombres
y que al intentar hablarlo congelaba mi lengua.
Soñé con la poesía,
me dijeron que hablar de ella es quemarse
las raíces de la lengua, estar ciego
ante la palabra luz, buscar inútilmente la claridad en la bruma
de un bosque de humo. Yo busco esa orilla, esa claridad,
la busco como a un diente de león.
Tal vez nunca la encuentre. Tengo el presentimiento
que el cielo está apunto de partirse en una gota hacia el océano.

*9 7 8 1 9 4 0 0 7 5 1 7 4 *